Det dybrøde gardin

28 kolonihave•haiku

Forlag: BoD · Books on Demand, Strandvejen 100, 2900 Hellerup.

bod@bod.dk

Tryk: Libri Plureos GmbH, Friedensallee 273, 22763 Hamborg, Tyskland

ISBN: 978-87-7114-337-9

Disse haiku har tidligere været publiceret i tidsskriftet GULDSMEDEN, udgivet af Dansk Forfatterforenings haikugruppe, fra 2022 til 2025.

Forsideillustration af Ruth Thaysen Kjær

Tilegnet Jenny

I

Fastelavnssøndag – kolonihavekaffe og syvkabale

II

Fem erantisser
og fire vintergækker –
livstegn trods kulden

III

Sommertid – sætter
ur og havemøbler frem,
åbner for vandet

IV

De gule liljer
stråler om kap med solen –
naturlig opstand

V

Kaffe på kanden
en forårsdag i himlen –
ren stjernestatus

VI

Grøn er vårens hæk –
grossenolliker pipper
inde fra dybet

VII

Midt på plænen står
et japansk kirsebærtræ –
vil himlen blomstre?

VIII

På den grønne gren
fløjter fuglene i kor –
magisk majmorgen

IX

Mellem fliserne
vokser vilde violer –
små, blå stedmødre

X

Nye kartofler
med friske krydderurter –
kødløse dage

XI

Deler frugthave
med alle slags kryb og kravl,
biller og bladlus

XII

Mariehønen
Evigglad æder en lus –
livet og døden

XIII

Klip, klip, klip og klip –
grensaksen tæmmer hækkens
vildtvoksende skud

XIV

Svampe nedbryder haveaffaldet til muld – regnormenes liv

XV

I erindringen
står pariserroserne
altid i fuldt flor

XVI

Banker tre søm i –
Picasso, Havsteen, Wiinblad
klæder ethvert rum

XVII

Fløjlsblød stjernestund –
Persciderne falder
som helgentårer

XVIII

Dunkelt tusmørke
bag det dybrøde gardin –
sindsro før søvnen

Dunkelt tusmørke
bag det dybrøde gardin -
sindsro før søvnen

Dark twilight
behind the deep red curtain -
serenity before sleep

暗い黄昏時が
深紅のカーテンの後ろに
寝る前の静けさ

ニールズ・ディア
NIELS KJÆR

Haiku nr. XVIII blev i marts 2023 publiceret på dansk, engelsk og japansk af Haiku International Association.

XIX

Plukker en skål bær –
syv portioner rysteribs
er belønning nok

XX

Det sorte læhegn
og de hvide vinduer –
træ suger maling!

XXI

Silende dagsregn –
sidder i læ og tegner
tre røde æbler

XXII

Bukker ærbødigt –
roserne smiler og står
på stilke for os

XXIII

Flyvende sommer –
edderkoppespind eller
flygtig poesi?

XXIV

Snerlerne gror frit
når jeg vender ryggen til –
vild med uvilje

XXV

Figner og druer –
sydlandske frugter modner
blandt blommer og bær

XXVI

Indian summer –
septembersolen farver
stråene gule

XXVII

Vintertid – sætter
ur og møbler tilbage,
lukker for vandet

XXVIII

Første nattefrost –
ormene gnaver endnu
i nedfaldsfrugten

De 28 haiku i nærværende hæfte skildrer årets gang i kolonihaven (nummer 218, Lupinvej 38A) i *Haveforeningen Bakkevang* i Gammel Åby, Aarhus.